Lapsen askelin
Topeliuksen lastenrunoja

Lapsen askelin, Topeliuksen lastenrunoja

Toimittanut *Tuula Pere*
Taitto ja ulkoasu *Peter Stone*
Kansikuva *Carl Larsson, Lukemisia lapsille VIII*

ISBN 978-952-357-818-0 (kovakantinen)
ISBN 978-952-357-819-7 (pehmeäkantinen)
ISBN 978-952-357-820-3 (ePub)
Ensimmäinen painos

Alkusanat ja taitto Copyright © 2022 Wickwick Oy

Kustantaja Wickwick Oy
2022, Helsinki

Lapsen askelin
Topeliuksen lastenrunoja

Toimittanut Tuula Pere

SISÄLLYS

Alkusanat 4

Verna Roosa 6
Soutajapojalleni. (Kun hän oli vuoden vanha.) 10
Satu Lillin nenästä 12
Pikku Pekka 16
Lapseni. 20
Viisvuotiaan sankarilaulu. 22
Punainen lippu. (Siniaalto kertoo.) 26
Pikku Verna. 28
Sairaan lapsen kehtolaulu. 30
Pojalle. 32
Tytölle. 34

Viitteet 37

ALKUSANAT

Runot ovat tärkeä osa Zachris Topeliuksen (1818—1898) lastenkirjallisuutta. Suomen kansan satusedän aihepiirit vaihtelevat hänelle ominaisella tavalla lapsen elämän pienistä ja suurista kokemuksista maailmoja syleileviin tuntemuksiin.

Topelius säilytti koko ikänsä yhteyden lapsenomaiseen mielikuvitusmaailmaan. Hänen antautuessaan sadun ja runon matkaan rajat tavallisen arjen ja yliluonnollisen maailman välillä katosivat. Kirjailijan tarjoamat sisällöt kehittyivät elämän matkalla yhä syvemmiksi ja merkityksellisemmiksi.

Lapsen mahdollisuus oppia uutta ja kasvaa aikanaan kantamaan omaa vastuutaan maailmassa – erityisesti isänmaan hyväksi ja Luojan kunniaksi – olivat lempeästi mutta lujasti esillä Topeliuksen tuotannossa. Hänen ainutlaatuinen luontoyhteytensä on myös vahvasti läsnä.

Tähän kirjakokoelmaan on koottu Topeliuksen lastenrunoja, sellaisina kuin ne on julkaistu Lukemisia lapsille -kirjasarjassa (osat I–VIII) vuosina 1927–1930. Myös kuvituksena on käytetty kirjojen suomalaisten ja ruotsalaisten taiteilijoiden töitä.

Topeliuksen lastenrunoja -kokoelmaan kuuluvien kirjojen nimistä käy ilmi kussakin osassa painottuva aihepiiri.

Luonnon sylissä
Lapsen askelin
Elämää oppimassa
Vuodenkierto
Joulun aikaan

Antoisia lukuhetkiä kaikille Topeliuksen ystäville!

Porkkalanniemellä, 10.9.2022

Tuula Pere
OTT, lastenkirjailija
Topelius-seura ry:n puheenjohtaja

VERNA ROOSA.

Mä tunsin Verna Roosan, mä.
Hän oli tyttö vilkas, virkku,
niin iloinen kuin haassa sirkku,
kuin kevätpäivä viehkeä.

Hän joskus myös voi telmiellä
ja poikia hän toisinaan
voi pistää sormeen neulallaan;
mut muuten oli vieno, hellä.

Niin kerran juoksi kodistaan
hän kengätönnä — täyttä vilkkaa! —
ja sukkasitta, ilman hilkkaa,
haan perhosia ajamaan.

Ja Verna Roosan riemus rinta,
kun kevät väikkyi hehkuen,
ja koivu lehväoksainen
siin' aamuss' seisoi, valkopinta.

Ja lintuin liverrykset soi,
ja käki kukkui, lauloi rastas,
ja kukko aidan päältä vastas
ja kiekuili ja keikaroi!

Mut kukat aamuun tuoksueli,
haan ruohikosta kurkistain,
ja kanssa perhosveitikkain
ne kujeili ja veikisteli.

Ei ihme, kevään väikkeeseen
jos Verna Roosa juosta vilkkaa,
vaikk' kengätön on, ilman hilkkaa:
hän tahtoo päästä vapauteen!

Ja kukat lausui viehkein kielin:
»Sa Verna Roosa, ollos vain
kuin kukka pieni raikas ain!» —
Hän vastas: »Niin mä olla mielin.»

Mut tuuli kääntyi siinä niin,
ja Verna Roosan avojalkaa
maa pehmyt vaivuttaa jo alkaa,
ja nilkat juurtui turpeisiin.

Ja Verna Roosan lehvät hienot
ja oksat verhos yltäältään,
ja viimein ruusuiks väikkymään
jo puhkes punaposket vienot.

Ja kaulaliinan neulat nuo
jäi okaiks, jotka piston antoi,
jos kultasiivet perhon kantoi
vain ilkimielin ruusun luo.

Mut perhoset ja kukat maassa,
ne hymyili ia kevätsää;
niin hauskaa niistä oli tää,
kun Verna Roosa oli haassa.

Tuon Verna Roosa saada tais,
kun kodistansa juosta vilkkaa
vain paljain jaloin, ilman hilkkaa,
jot' eivät tytöt tehdä sais.

Hän lumottuna siinä vielä
on juurtuneena nurmellaan,
vain kiinni pikku jalastaan;
näin viimeks eilen hänet siellä.

Mut ensi tyttö, kodistaan
ken kengätönnä juosta vilkkaa
ja sukkasitta, ilman hilkkaa, —
jos silloin tuuli kääntyy vaan,

se tyttö jääkin sille tielleen:
Hän muuttuu ruusuks nurmikon,
mut Verna Roosa vapaa on;
ja varmaan on se hälle mieleen!

Niin, vaara siinä, tytöt, on
ken haassa juoksee ilman hilkkaa
vain perhoin kanssa perävilkkaa,
jos kengitt' on ja sukaton.

Mut ennen se, kuin tuskin liikkuin
käyt hatuin, päivänvarjoines
ja keikistelet itsekses,
kun lapset telmii juosten, kiikkuin.

Ja ennen sekin mieluummin,
kuin sipsutellen niinkuin kana
käyt puistoteitä kaihoisana
sivulla tyhmän keikarin.

Haan ruusuks mieluummin saat tulla
kuin Verna Roosa, ystäväin, —
käyt paljain jaloin, avopäin,
mut miel' on raikas, vapaa sulla!

SOUTAJAPOJALLENI.
(KUN HÄN OLI VUODEN VANHA.)

Pikku poika, souda vaan
tuutin tuutimalla!
Souda miesnä maailmaan
Suomen lipun alla!
Elon meri myrskyää,
kukkarantaan vielä jää:
äidin luota kerta
soudat elon merta!

Kasva, masto, mittahas,
jotta kestät myrskyt!
Seiso tyynnä ruorissas,
tulkoot mitkä tyrskyt!
Vapaat purjeet! Riemuiten
sodi tiellä totuuden,
vaikka peikot aivan
murtaa uhkais laivan.

Souda aikaan etäiseen,
jos niin Luoja sallis!
Lapsuudestas kehtoineen
kätke muisto kallis!
Jos niin Herra laivas sois
uuteen aikaan kiitää pois,
terveiset vie meiltä
aamutuulen teiltä!

Lemmen voimin souda vain,
taivas ompi suojas!
Souda iloks vanhempain;
ruoriin ota Luojas!
Isä armas lapsien
kaitkoon sua, pienoinen;
kunne tiesi kulkee,
Hän sun turvaans' sulkee.

SATU LILLIN

Hän oli tyttö herttainen ja hellä,
mi monenmoista osas työskennellä:
hän karstas, kehräs, neuloi, kutoi sukkaa
ja osas panna palmikolle tukkaa.

Hän leipoi, kirnus, tiskas, vaatteet pesi,
hän tiesi, mihin kaikkeen kelpas vesi,
hän keitti, paistoi, kynttilöitä kasti
ja hoiti sahdinpanon taitavasti.

Hän luki, kirjoitti, hän läksyt voitti
ja laskut laski, lauloi, tanssi, soitti;
kuin pikku velho historian muisti,
ja katkismus kuin vesi häitä luisti.

Hän osas kiltti olla, kuuliainen,
ja nöyrä lapsi, eikä vaativainen;
hän Jumalaa myös illoin rukoeli
ja aina kaikkein lemmikkinä eli.

Mut voi, mit' auttoikaan nyt tyttö rukkaa,
vaikk' karstas, kehräs, neuloi, kutoi sukkaa,
vaikk' eli kaikkein sydänkäpysenä,
kun oli hällä liian pieni nenä!

Niin, nenä hällä oli pikkarainen.
Kyll' oli silmäss' armas veitikkainen,
ja hohti posket, mesimarja-huulet, —
mut nenä pieni! Mitäs siitä luulet?

NENÄSTÄ

Ei tuosta mitään piitannut hän ensin.
Hän niinkuin lintu hilpeänä lensi,
ja seurass' äkäilevän siskoseuran hän raisu oli
lailla metsän peuran.

Niin kerran leikkinä ol' puikkopeli,
ja nokannoppaajaks pääs pikkuveli.
Kun tuli Lillin luo, hän huus: »Nyt toppaa!
Ei tuolla ole nenää, mihin noppaa?»

»Ei nenää?» — »Niin, no» — toiset huus, »jos nenää,
noin pientä, kutsua voi nenäks enää —
niin hullunkurista ei kukaan kuullut!»
Mut Lilli tuot' ei mahdolliseks luullut.

Hän juoksi peilin luo . . . niin totta aivan,
ja tää kun melkein maksoi itkun vaivan,
niin toiset nauroi: »Mitäs huolit surra,
ei nenääs koskaan suudella, ei purra.»

»Saan tietää äidiltä», niin Lilli luuli;
luo äidin läks, mut yhä samaa kuuli:
»Niin, kyllä pieni on se, oma armaan',
mut jos oot kiltti, käy sun hyvin varmaan!»

Niin, helppo sanoa on: kiltti, hyvä,
mut mieleen häpeän jää merkki syvä.
Nyt Lillin olo tuntui tukalalle,
hän pikku nenän painoi hatun alle.

Ja turhaan äiti lohdutti ja haasti;
tuo nenä Lillin elonriemun raasti.
Ei muuta neuvoks, tohtorista pikaan
nyt apu moiseen nenäkkääseen vikaan.

»Ah, herra tohtor', meill' on suuri hätä;
jos jatkaisitte pikku nenää tätä!»
»Ää? Nenä pitkäks? Sepäs uusin kokka!
No, tules tänne, pieni lyhytnokka!»

Ja tohtor näppii nenää moneen kertaan,
mut, oi, ei jatkunut se minkään vertaa.
»Niin», virkkoi hän nyt syvämietteisenä,
»lie paras jättää ennallensa nenä».

»No», mietti Lilli, »viisastele siellä!»
Niin kohtas pienen, pienen akan tiellä.
»Ka, päivää lapsi, mikäs sua vaivaa,
ja mitkä huolet sydäntäs nyt kaivaa?»

»Oi, muori kulta, vaikea on tieni:
te näätte, nenäni on liian pieni.
Ah, kuulkaa, milläs pitemmäks sen saisin?
Kai sääliin kivetkin jo liikuttaisin.»

»No», sanoi akka, »onpas huolta vähän;
ma keinon, hyväks nähdyn, tiedän tähän,
Sua neuvon, haltija oon tietorikas,
ja tohtoritta korjaat kyllä vikas.

Sa kuule siis: kun onnellisna milloin
sa toivot riemua, mut petyt silloin,
niin muista nenääs; voithan koittaa kerran;
ja näät, se heti jatkuu jonkin verran.»

»Ah, kiitos suur! Tää neuvo riemun tuottaa,
mut enhän viikkoja vain saane vuottaa?»
»Ei hätää», akka ties, »käyt mailmanrantaa,
se pian nenällesi vartta antaa».

Ja hyvillänsä Lilli kotiin palas;
niin syksyll' omenaa kun tyttö halas
hän oman puunsa luokse riemuin tuli,
ja hedelmät jo miltei suussa suli.

Mut voi! Myös kylänpojat aarteen muisti:
se heidän pussiinsa jo yöllä luisti;
mut Lilli parka tunsi hämillänsä,
kuin ois hän saanut piston nenähänsä.

Sen arvaa, että Lilli oikein suuttui.
Hän sisään läks, mut tiellä mieli muuttui.
Hän katsoo, katsoo, peilin eteen mennen:
on selvään nenä pitempi kuin ennen.

Ja nytpä Lillin suru riemuks suli. —
Mut aika kului, joulu vihdoin tuli.
Ja joululahjoist' ensimmäisnä juuri
on Lillille nyt tullut käärö suuri.

»Voi, mitäs lienee?» riemuiten hän huusi.
»On varmaan sievä herrasnukke uusi!»
. . . Vain sukkapari, lisä vaatekerran . . .
ja jälleen nenä kasvoi jonkin verran.

Niin tapahtui, kuin noita sanoi silloin:
jos Lilli toiveissansa pettyi milloin,
jos joskus vaihtui ilo ikäväksi,
taas pikku nenä kasvo! pitemmäksi.

Tää aluss' oli riemuisaa ja somaa,
kun nenä noin nyt kasvo! alinomaa;
ja tietämättä noidast', ilomieliä
jo äiti virkkoi: »Ihmeeks on hän vielä!»

Mut kuinka sattui, kuinka käydä mahtoi,
jo nenä melkein liikaa kasvaa tahtoi:
se yhä jatkui, tuottain kiusan uuden,
ja viimein Lilli kertoi salaisuuden.

Voi surkeus! Kävi niinkuin äiti luuli,
ett' ois hän ihmeeks. Kansa kumman kuuli,
ja tuskin muuta ilvehdittiin enää,
kuin Lilli raukan ihmeellistä nenää.

Ei muuta neuvoks, tohtorista pikaan
nyt apu moiseen nenäkkääseen vikaan.
»Ah, tohtor, nenääni ei kukaan kiitä,
te poistakaa nyt liika pituus siitä!»

»Ää? Nenä poikki? Sepäs uusin kokka!
No tules tänne, pieni pitkänokka.»
Hän hyvin mielin otti veitsen tuosta . . .
Mut Lilli peloissansa alkoi juosta.

Hän huusi: »Voi, sua akka häijy, kurja,
miks uskoin petostas, ma tyttö kurja!
Miks olin tyytymätön pikku nenään?
Oi, älkää antako sen kasvaa enää!»

Ja Lilli parka rientää rientämistään,
ja akkaa etsii, mut ei löydä mistään.
Voi, kerro pois, sä lietkö nähnyt akkaa,
näät viel' ei nenä kasvamasta lakkaa.

Ja nyt sen pituus kyynärän jo täyttää,
se ihmisistä kauhealta näyttää.
Mut sadun opetuksen tään te näätte:
ain omaan nenäänne te tyytykäätte!

PIKKU PEKKA.

Oli poika, — kolmevuotias kenties,
se oli Pekka, hauska herrasmies.
Hän osas kylläkin jo monta seikkaa:
hän päällään seisoi, heitti kuperkeikkaa.

Hän oli reipas poika pallero
ja muuten kiltti tavoiltansa jo,
mut tottelemaan hänt' ei saanut kukaan:
hän teki kaikki oman päänsä mukaan.

No, vartijanhan Pekka tavallaan
sai järkevästä Elsa siskostaan.
Hän seitsemättään kulki, — ja jos hiiri
oli Pekka, Elsa oli kissimiiri.

Ei Pekan mieleen ollut tämä näin;
niin ikävää, kun koskaan omin päin
ei saanut käydä, tehdä tutkinnoita,
vaan aina kuuli: katso, älä koita!

Niin alkoi puolat käydä punaisiksi;
jäi hiiri Elsalt' yksin minutiks: —
nyt Pekka heti portin alle suulleen,
ja oli kadonnut kuin tuhka tuuleen.

Pois hyvillään hän juosta taapertaa.
Hän katsoi koiraa, hummaa, vasikkaa
ja laihaa lehmää, puolamaita kiisi,
kuin mies, mi vartioista huolii viisi!

Mut pian paikkoja hän oudoksuu;
ja joutui ilta. Loisti kirkas kuu.
Jo Pekan vatsa murheissansa kysyi,
miks' iltapuuro piiloss' yhä pysyi.

Hän huutaa äitiä ja siskoaan,
mut huutoon vastaa metsän kaiku vaan.
Hän istuu mättäälle ja itkee, huokaa;
ah, mitäs vapaudesta ilman ruokaa!

Niin tuli — susiko? no, säikyitpäs! —
ei, pieni akka tuli ryysykäs.
Hän kantoi pussia, ja kaunihisti
yks kaks hän Pekkapojan pussiin pisti.

Ja poika huusi! Potki kiukuissaan!
Mut siin' ei potkimiset autakaan.
Ja pussi jytkyi. Paistin korjas kissa, —
on haukka kanan niskaliitoksissa!

»Mut miss' on Pekka?» äiti kyselee.
»Hän portin luona, luulen, leikitsee.»
»Hae sisään lapsi!» Elsa lähti hakuun,
— hae poikaa, joka pääsi puolain makuun!

Mut ilta oikein hälytyksen toi!
Jo rumpu joka kadunkulmass' soi:
Ken karkuteiltä saattaa kotiin Pekkaa,
hän heti viistoisttuhatta saa nekkaa.

Nyt kaikki ahneet lapset etsimään,
he joka nurkkaa tutki lyhdyillään,
he rämpi märjin kengin maissa, soissa,
mut Pekka poika yhä pysyi poissa.

Ja Elsa itkee, äiti nyyhkyttää:
voi, Pekka parka, puuro suita jää!
Ja isä huokaili ja nenää niisti:
kai iltapalakseen sun susi riisti!

Kun niin he itki, sisään akka sai: .
»Ei herrasväki porsast' ostais kai?
Se kirkui luona metsäpolun ristin,
mull' oli pussi, ja sen pussiin pistin.»

»Ei, muori, nyt on laita onneton,
meilt' oma possu karkuun juossut on.»
»Tää lihava on, koitelkaapas kaulaa!
Se painaa varmaan kuusitoista naulaa.»

Hän maahan — muksis! — laski pussin niin,
ja nuora suulta auki päästettiin.
Nyt siinä heräs pieni pörhötukka,
ol' pussiin nukahtanut Pekka rukka!

»Kas, Pekka! — Pekkahan se on!»
Mut Pekka, päästen entisolohon,
vait, tyynnä käänsi heihin korvan kuuron
ja kyökkiin marssi rääpiäisiin puuron.

»Mut pussissa?» — »Niin, milläs muullakaan
ma pojan oisin saanut kotiaan?
Kun tahdon herra äkäpäitä suistaa,
niin annan heidän pussin pohjaan luistaa!»

»Mut nythän muori kulta saava on
sen viistoittuhantisen palkinnon...»
»Viis kahvikuppia on kauppa suorin!
Mut Pekka nyt kai muistaa metsän muorin.»

Nekka = siirappikaramelli.

LAPSENI.

Pikku Tuttu Luutanen,
aina kiltti käskien.
Laassut olet aamust' asti
lattioita ahkerasti.
Nyt sun otan lapseksein,
istu tähän polvellein:
Olet muka kaikkein tiellä;
lietkö saanut ruokaa vielä?
Rikkojako, raukka, vain?
Onkos tämä laitaa lain!
Puuroapa nyt saat multa,
syö nyt oikein, pikku kulta!
Mutta myöskin, huomaa juttu,
pidetään me yhtä, Tuttu:
kun taas vitsaa tarvis on,
uunin taa jää piilohon!

VIIS=VUOTIAAN SANKARILAULU.

VIISVUOTIAAN SANKARILAULU.

Nyt hyppään niinkuin kauris,
nyt soikoon laulu tää.
Oon äidin pikku nauris
ja isän Tuulispää.
Mun kohoo pääni pilviin päin,
ja pöydällä kun seison näin,
niin olen — hei ja hoi, sen ties —
ma peninkulman mies.

Mua Simsonkaan ei voita,
niin vahva olen ma.
Sa tule, sisko, koita
nyt sormikoukkua!
Ja jos ma härän sarvet saan,
niin kirkontornin paikaltaan
ma nostan — hei ja hoi, niin ain! —
jos sarvet kestää vain.

Sä pelkäät suotta kyllä!
Sun käpälääs en vie,
jos vainen sulla yllä
ei sudenturkki lie.
Mut sudet kaikki ammun pois,
jos sit' en tee, niin sudet vois
mun joskus — hei ja hoi ja ai! —
mun suuhuns' syödä kai.

Ma osaan monta seikkaa,
ma pallon pilviin lyön,
ma heitän kuperkeikkaa,
viis kuormaa voita syön.
Ma hypin, maahan muksahtain,
käyn isän selkään kupsahtain,
ja isä — hei ja hoi, hän vaan
mua kantaa konttinaan.

Ja kuule kuinka kierii
ja kiikkuu taskussain!
Ja vaikka raha vierii,
ei rikkaus lopu lain.
Ma puodit ostan leipurein,
ja jollen lue miljoonein,
niin luen — hei ja hoi — no siis:
kakskymmentä ja viis!

Ei keisari voi tulla
niin hyvään olohon.
On kelkkamäet mulla,
jos hällä linnat on.
Mut hevostapa parempaa
kuin Polle keisari ei saa.
Ei varmaan! — Hei ja hoi, vaikk' on
se kyllä jalaton.

Pian viiksiä jo purraan
ja ollaan mieheviks.
Oon nahkapoika, hurraan
ja pääsen kenraaliks.
Senjälkeen yliopistoon!
Ja sitten issikka ma oon,
ja ajaa — hei ja hoi, ma noin
vaikk' yhtäpäätä voin!

Mut nyt mä olen nauris
ja Tuulispää nyt vaan.
Kai appelsiinin Lauris
saa, äiti, laulustaan!
Niin nälkä, äiti, Lauris on,
ja siksi nauris saakohon,
siks — hei ja hoi nyt saakoon hän
voileivän jykevän!

PUNAINEN LIPPU.
(SINIAALTO KERTOO.)

Oli aalloilla myrskyvä riemu nyt, hei!
tuul' lounainen siskot kun tanssihin vei,
ja ne huimina kirmas ja riehuen sous.
Pien' poika nyt kallionkielelle nous.

Nuor urho ei tuntenut pelkoa lain,
ja hän punaista lippua liehutti vain:
»Sotaleikkipä, aalto, se meillä nyt lie;
ota linnani valtaas ja lippuni vie!»

Ja jo yrmien aallot ja läikähtäin
vain hyrskien, tyrskien ryntäsi päin.
Joka kerta ne vaipuvat, murskana päät,
pojan huiman sa heille vain nauravan näät.

Tuli vaahtinen hyöky jo lakkapää,
yli kallion kauas se vyörähtää.
Oli poissa jo poika, ja kuohuissa vuon
lipun punaisen vain, näin uhmivan tuon!

PIKKU VERNA.

Hän oli kukka hieno
maailman tarhan tään;
niin silmä oli vieno,
niin hohde poskipään.
Kun vait ja hiljaa hiipi
hän piiriin siskojen,
niin olkapäiltä siipi
vain puuttui pienoisen.

Kuin päivän säde hellä
käy yli kukkamaan,
niin hän vain hymyellä
tääll' osas aikoinaan.
Vain rauhaa katsein kainoin
hän ympärilleen loi,
ol' armas hymy ainoin
tuon lyhyt elo, oi!

Näät taimen otti varhain
pois Herra taltehen.
Hän mailla taivaantarhain
on lilja valkoinen.
Ei siellä myrskyt pauhaa,
ei tuskaa siellä näy,
ei siellä puutu rauhaa,
ei silmä itkuun käy.

Mut taivahalla illoin
kun loistaa tähdet nuo,
niin siskoihinsa silloin
hän kirkkaat silmät luo.
Nyt onni taivahainen
on hällä ihanin,
ja nyt hän saanut vainen
on hohtosiivetkin.

SAIRAAN LAPSEN KEHTOLAULU.

Pikku lintu, pesään jää,
laske lepoon siipi.
Paina uneen pikku pää,
pois jo siskot hiipi.
Talvi tuolla tuiskuaa,
täällä lämmön, turvan saa;
äiti kyllä lastaan
suojaa säitä vastaan.

Nuku äidin helmahan,
kevätlehtoon vienoon.
Kaukaa myrskyt maailman
kulkee ohi tienoon.
Siellä myrsky pauhailee,
lapsen posket kalpenee.
Äidin syli lämmin
tuoksuu lempeämmin.

Souda maille unelmain,
istu pikku venhoon;
lähde riemuun, leikkiin vain
kevätillan tenhoon.
Taivas yllä sinertää,
tähdet tuikkii, hymyää,
metsän takaa salaa
kuu se kultaa valaa.

Siellä mietteet tuhannet
soutaa unen merta,
syntyy sanat, sävelet
kaikki kuollen kerta.
Entisyys se elpyy taas,
muistaa äiti lapsuusmaas:
on kuin ihmetaika —
palaa mennyt aika!

Uni tuskat vaimentaa,
antaa hellän hoivan,
pikku jalka levon saa
lapsen unelmoivan.
Lailla linnun riemuiten
kiidät kautta aikojen
kohti onnekkaita
toivon kevätmaita.

Oksa näyttää kuihtuneen
kuitenkin se lehtii!
Sulaa jää, mi peitti veen,
taas kun kevät ehtii!
Eipä haavaa polttavaa,
jot' ei Hän voi parantaa,
Hän, mi antaa päivät,
poistaa usvain häivät.

Nuku, silmä vienoisin,
tuutu, tuutu-lulla!
Nuku Herran turvihin,
kevään Hän suo tulla.
Nuku, armas, viaton,
Häneltä, ken hyvä on,
sairas laps saa suojan;
terveys lahja Luojan!

POJALLE.

Oo raisu, vapaa, nuorekas
sä leikin, riemun kuningas!
Mut vakaa taas, ja juures luo
kuin honka tuo sa mantuun maas!

Päin katso suoraan silmihin,
kuin päivänsäde säihkyvin!
Oo tosi, sees, ett' taivas vois
ain nähdä syvään sydämees.

Et pettää saa sä ystävää,
jos petti hän, sä lujaks jää!
Ja mielelläs sä leipäs jaa;
et muistaa saa sä itseäs.

Sä rohkeana katsees luo
vain suuriin määriin! Sun on nuo.
Niin korkeaa et ihannoi,
jot' et sä voi myös saavuttaa.

Kas, kotka pilviin kiitänyt
ei korkeutta pelkää nyt;
niin voimaton myös oltuaan
jo ahtaaks maan se nähnyt on.

Sydämes sentään säilytä!
Oo kerskumatta nöyrä sä,
kuin arvokkain puu koivikon
sen puista on myös yksi vain.

Sä isääs kuule mielekäs
ja hellään lemmi äitiäs;
mit' unelmoi, kun valvoi öin,
nyt teoin, töin tee todeks, oi!

Ain opettajaas tottele;
on tieto valtaa, muista se!
Puun juurilla sa vesan näät;
niin suojata voi harmaapäät.

Ja Jumalaa sa pelkää ain,
on riemu, rauha hältä vain.
Sua siunaa hän, hän toivon tuo,
hän onnen suo ja elämän.

Ja lempes Suomi saakohon,
vaikk' ois se köyhä, onneton.
Vain onneks maan sa uhraa työs
ja henkes myös, jos vaaditaan.

Siis uljas ole, nuorekas,
sä leikin, riemun kuningas!
myös Luoja ties nyt siunatkoon,
maan vartioon ett' oisit mies!

TYTÖLLE.

Sa armas pikkusirkku, sa lapsi keväimen
niin hilpeä ja virkku ja hentosiipinen,
sa kasva kukan lailla, kun välkkyy aamunkoi
ja perhot liehuu mailla ja kimalaiset soi.

Pois siteet liivipaulain; sa kasva vapauteen
kuin koivu kasvaa laulain ja huojuin tuuloseen.
Sen sorja varrenjuoksu on iloks ihmisten,
ja tuulen kukkain tuoksu on hengitystä sen.

Iloitse joka säällä kuin tekee varpunen;
on synkkää vihapäällä, mut hauskaa hymyillen
Äl' etsi muissa vikaa, voit itsees ottaa syyn,
sa anteeks anna pikaa ja vastaa hymyilyyn.

Sa laula, kiidä leikein ja lue, neulo myös;
oo kodin keiju veikein ja hyvin hoida työs.
Jos taitoja on kellä, niin sentään parempaa
on sydän puhdas, hellä, mi hyvää rakastaa.

Suo aatoksilles lento! Ei multaan matalaan,
vaikk' olet tyttö hento, sua luotu katsomaan.
Ei, lempes saakoon maine ja valo, synnyinmaa;
sä rakasta kuin laine, mi rantaa virvoittaa.

Suo lempes päivän lailla, mi talven tuhoaa,
jäät poistaa pohjanmailla ja kukat siroittaa.
Kuin aamun kastevlhme sun lempes olkoon, oi!
Veet haihtuu pois, mut — ihme! — ne juuri kevään toi.

Äl' etsi tietä harhain tai tyydy turhuuteen:
sen kukat kuihtuu varhain, — jää tyhjyys sydämeen.
Sä pyri Herran teille, niin sees on taivahas,
oot riemuks enkeleille, ja ne on siskojas!

Vain hyvä kauniiks tiedä, vain kaino viehtää voi.
Äl' imarrusta siedä: »niin kaunis olet, oi!»
Kas, joka kielo, impi, sun voittaa tuoksullaan,
ja sua kaunihimpi on ruusurukka haan.

Ja vaikka kaunis oisit kuin päivä ihanin
ja ihastuttaa voisit sa suloin tuhansin,
mut kylmä olis rintas ja tyhjä — usko pois,
jos kuinka pettäis pintas, — et taivaan lapsi ois.

Siis, armas pikkusirkku, sa lapsi keväimen,
niin hilpeä ja virkku, ja hentosiipinen,
sa kasva kukan lailla ja Luojan lapseks jää,
niin tuoksut taivaan mailla sä ikielämää!

VIITTEET

Kirjan runot on koottu Z. Topeliuksen Lukemisia lapsille -sarjasta (LL), osat I-VIII, Werner Söderström Osakeyhtiö, 1927–1930:

Verna Roosa 6
    LL II, kuva: Ottilia Adelborg

Soutajapojalleni. (Kun hän oli vuoden vanha.) 10
    LL IV, kuva: Acke Andersson

Satu Lillin nenästä 12
    LL I, kuva: Carl Larsson

Pikku Pekka 16
    LL V, kuva: Väinö Blomstedt

Lapseni 20
    LL V, kuva: Ottilia Adelborg

Viisvuotiaan sankarilaulu 22
    LL VI, kuva: Ottilia Adelborg

Punainen lippu. (Siniaalto kertoo.) 26
    LL IV, kuva: Acke Andersson

Pikku Verna 28
    LL VIII, kuva: Venny Soldan-Brofeldt

Sairaan lapsen kehtolaulu 30
    LL VIII, kuva: Venny Soldan-Brofeldt

Pojalle 32
    LL VIII, kuva: Carl Larsson

Tytölle 34
    LL VIII, kuva: Carl Larsson

www.ingramcontent.com/pod-product-compliance
Lightning Source LLC
LaVergne TN
LVHW070602070526
838199LV00011B/466